Gazzotti
Vehlmann

seuls

7 Les Terres Basses

DUPUIS

Bravo et merci à : Tanguy Stalmans, Léna Esnay,
Téo Serra, Tom Roussial, Claudine Thouilleux,
Mila Goulon. Leur connaissance de la série et leur
imagination leur ont permis d'apparaître dans
le présent album.

Merci à Lucie. Pour Pauline, Benoît, Félix, Vincent,
Louis et Alexandre.

Bruno

Couleurs = Usagi

Aide aux crayonnés = O. Labalue

Conception graphique : Stefan Dewel

D.2012/0089/063 — R.12/2014.
ISBN 978-2-8001-5313-1
© Dupuis, 2012.
Tous droits réservés.
Imprimé en Belgique par Lesaffre.

AUCUN MOYEN DE MONTER!

ET ÇA FAIT DÉJÀ PLUS D'UNE DEMI-HEURE QU'ON ROULE LE LONG DE CETTE FALAISE.

SI ENCORE DES IMMEUBLES AVAIENT ÉTÉ COUPÉS EN DEUX, COMME DANS LE CENTRE DE LA ZONE ...ON AURAIT PU UTILISER DES ESCALIERS POUR MONTER ET SE BARRER D'ICI!

MAIS C'EST COMME SI CES FALAISES AVAIENT ZIGZAGUÉ EXPRÈS ENTRE LES BÂTIMENTS!

...ARRÊTE LE BUS, ZOÉ!

HÉÉÉÉ! POURQUOI ON FREINE?

Y A UNE ISSUE?

QU'EST-CE QU'IL Y A, DODJI?

SAUL!

VRRRRRRR...

LA ZONE ROUGE S'EST AGRANDIE !!! ON A ESSAYÉ D'TE PRÉVENIR, MAIS TU NOUS AS PAS CRUS !

!!! QU'EST-CE QUE C'EST QUE **ÇA**? QU'EST-CE QUI SE PASSE ?

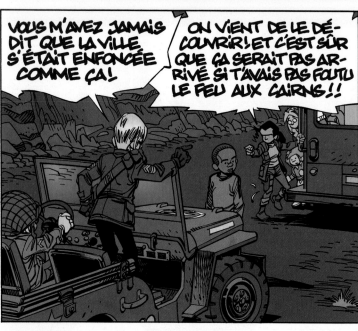

VOUS M'AVEZ JAMAIS DIT QUE LA VILLE S'ÉTAIT ENFONCÉE COMME ÇA !

ON VIENT DE LE DÉCOUVRIR ! ET C'EST SÛR QUE ÇA SERAIT PAS ARRIVÉ SI T'AVAIS PAS FOUTU LE FEU AUX CAIRNS !!

MAINTENANT, ON EST PRISONNIERS DE CETTE FICHUE ZONE OÙ TOUT PEUT ARRIVER ! LES IMMEUBLES QUI BOUGENT, LES INSECTES PARTOUT, LES INONDATIONS !!

ON AURAIT MIEUX FAIT DE PARTIR QUAND C'ÉTAIT ENCORE POSSIBLE !

O.K, ÇA VA, J'AI COMPRIS !

ANTOINE, APPELLE LES AUTRES, DIS-LEUR D'ALLER RÉCUPÉRER DES AFFAIRES AU CAMP ET DE NOUS REJOINDRE À LA CASERNE DES POMPIERS LE PLUS VITE POSSIBLE.

'Short Stop'

LA CASERNE DES POMPIERS ? POURQUOI ÇA ?

!!! MAIS OUI, BIEN SÛR !

JE L'ACCOMPAGNE ! VOUS, CONTINUEZ À LONGER LA FALAISE, AU CAS OÙ IL Y AURAIT UN MOYEN DE GRIMPER !

VOUS AURIEZ PU RESTER AVEC LES AUTRES!

TE LAISSER SEUL AVEC L'AUTRE TARÉ? SÛREMENT PAS!

ET MOI JE VEUX VOIR LES GROS CAMIONS DE POMPIERS!

AVEC LEUR GRANDE ÉCHELLE, ON POURRA SORTIR DE LA ZONE?

C'EST CE QUE J'ESPÈRE, TERRY ...

C'EST BON, TU AS PRÉVENU TOUT LE MONDE?

J'ESSAYE, MAIS Y EN A PLEIN QUI RÉPONDENT PAS, C'EST BIZARRE ...

BEN, GROUILLE-TOI, PARCE QU'ON ARRIVE!

?

LE MOTEUR S'EST ARRÊTÉ D'UN COUP!! T'AS OUBLIÉ DE FAIRE LE PLEIN OU QUOI?!

MAIS NON!

... C'EST AUTRE CHOSE, SAUL.

?

IL NOUS EST ARRIVÉ LA MÊME CHOSE LA FOIS OÙ ON EST ENTRÉS DANS LA ZONE ROUGE ...BORIS A PERDU LE CONTRÔLE DE LA VOITURE ...

ENSUITE, ÇA A ÉTÉ LES PORTABLES ... COMME SI LA ZONE AVAIT UN EFFET SUR LES MACHINES!

MAIS ALORS ... MERDE!! LES CAMIONS!!

3

CELUI-CI NE DÉMARRE PAS NON PLUS!

... JE VAIS QUAND MÊME VOIR CELUI DU FOND!

ICI NON PLUS!

T'ES SÛRE QUE C'EST LA BONNE CLÉ?

OUI, TERRY, J'EN SUIS SÛRE!!

CLIC! CLIC!

... C'EST JUSTE QUE PLUS AUCUN DE CES FICHUS CAMIONS NE MARCHE, PUNAISE!

OUAIS, BEN, POURQUOI T'ESSAYES ENCORE, SI ÇA MARCHE PAS?

CLIC! CLIC!

?

HAAAAAAAA!

TERRY?!

QU'EST-CE QUI SE PASSE?

MAIS ENFIN, QU'EST-CE QU'IL A ?

J'EN SAIS RIEN, MOI ! IL A DIT QU'IL A VU UN GAMIN HORRIBLE DANS LE RÉTRO !

HORRIB'!!! AVEC DES YEUX COMME LES SiiiiiiNGES!!

COMMENT ÇA, UN "ENFANT HORRIBLE" ?

QUAND J'TOURNAIS LA TÊTE, IL ÉTAIT PLUS LÀ' ! MAIS QUAND J'REGARDAIS L'MIROIR, IL ÉTAIT ENCORE LÀÀÀ' !!

? ...ON COMPREND RIEN À CE QUE TU DIS, TERRY'.

...JE COMPRENDS SURTOUT QU'IL FAUT SE CASSER D'ICI, SI ON VEUT PAS QUE TOUT LE MONDE PÈTE LES PLOMBS !

AH OUI ? SE CASSER ?! ET ON VA FAIRE COMMENT, SANS L'ÉCHELLE DE POMPIERS ?

ON VA POUSSER LE CAMION .

N'IMPORTE QUOI ?!

AVEC L'AIDE DES AUTRES ENFANTS DE MON CLAN !

VOUS AVEZ EU AUSSI DES PROBLÈMES DE VOITURE ?

ON A DÛ TOUT EMPORTER À PIED, C'EST CHIANT !

ET NOS TÉLÉPHONES MARCHENT PLUS ! ON N'A PLUS DE NOUVELLES DES AUTRES !

02

5

ALLEZ, PLUS FORT, DU NERF !

OUAIS, BEN, MOLLO, HEIN !

C'EST FACILE DE GUEULER SUR LES AUTRES QUAND ON FOUT RIEN !

TU ME DIRAS QUAND ON EST ARRIVÉS ? MOI, J'VEUX PLUS RIEN R'GARDER.

JE FOUS PAS RIEN, C'EST UN POSTE À **RESPONSABILITÉS**, DE BIEN DIRIGER LE CAMION !

J'VEUX BIEN PRENDRE LA RESPONSABILITÉ, MOI !

PUNAISE, J'AI L'IMPRESSION D'ÊTRE UN ESCLAVE À L'ÉPOQUE DES PHARAONS !

À GAUCHE, MAINTENANT ! VERS LE MUSÉE DE L'HOMME !

T'ES SÛR ''' DE LA DIREC-TION ?

SUR LA CARTE ''' HHH ''' C'EST LE CHEMIN LE PLUS COURT POUR REJOINDRE LA FALAISE ''' ET PEUT-ÊTRE QUE LE CAMION REDÉMARRERA ''' SI ON S'ÉLOIGNE DU CENTRE DE LA ZONE.

''' EN TOUT CAS, J'AI DIT AUX AUTRES ''' DE NOUS RETROUVER LÀ-BAS AVEC LE BUS.

''' MAIS LA COMMUNICATION A FINI PAR COUPER ''' J'AI PEUR, DODJI ! **ÇA VA RECOMMENCER ''' TOUS CES TRUCS AFFREUX QU'ON A DÉJÀ VÉCUS DANS LA ZONE !**

6

EH, LEÏLA ?

... J'EN PEUX PLUS, DODJI ... J'EN AI MARRE DE DEVOIR ÊTRE FORTE TOUT LE TEMPS !

ON VA S'EN SORTIR, LEÏLA ... D'ACCORD ? FAIS-MOI CONFIAN-CE !

D'...ACCORD !

PAUSE !!

QU'EST-CE QU'IL Y A ?

ON Y EST PRESQUE ... MAIS LA RUE EST EN PENTE ... IL VA FALLOIR QU'ON EN METTE UN COUP !

FAUDRAIT AUSSI QUE LE RESTE DU CLAN NOUS REJOIGNE ! QU'EST-CE QU'ILS FOUTENT, À LA FIN ?

ILS ONT PAS DONNÉ DE NOUVELLES, J'ESPÈRE QUE ... HÉ ! LES VOILÀ, JUSTEMENT !!!

VOUS TOMBEZ À PIC, ON A BESOIN DE VOUS POUR ... ?!

ANNA?

BENJAMIN? T'AS L'AIR TROP BIZARRE! ...

LEURS YEUX SONT DEVENUS COMME CEUX DES SINGES!

OH NON!

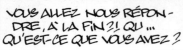

VOUS ALLEZ NOUS RÉPON-DRE, À LA FIN?! QU... QU'EST-CE QUE VOUS AVEZ?

... VENEZ JOUER AVEC NOUS!

QUE... QU'EST-CE QUE TU VAS FAIRE, SAUL?...

TU VAS PAS LEUR TIRER DESSUS?? C'EST NOS COPAINS!!

POURQUOI TU CRIES? POURQUOI QU'ON BOUGE PLUS?!

JE SAIS PAS, J'OSE PLUS REGARDER NON PLUS!

8

GRIMPEZ TOUS, ON SE CASSE !

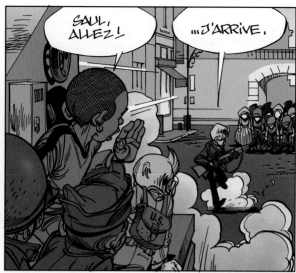

SAUL, ALLEZ !

....J'ARRIVE.

DÉSOLÉ, JÉRÔME.

BAW

BROFF

SAUL !

DÉSOLÉ AUSSI, LÉNA ...SAMUEL ...

BAW !

BAW !

T'AVAIS BESOIN DE FAIRE ÇA ?

QU'EST-CE QUE T'EN SAIS ? SI ÇA SE TROUVE, C'EST LE SEUL MOYEN DE LES SAUVER !

QUAND ILS "REVIENDRONT", ILS SERONT PEUT-ÊTRE À NOUVEAU NORMAUX ...

VROOOMM

...QUOI?!!

DES DIZAINES D'ENFANTS DU CLAN DE SAUL, J'TE DIS... COMME DANS UN FILM DE ZOMBIES!

OU COMME " LES SCHTROUMPFS NOIRS " MAIS EN SUPER-TERRIFIANTS!

...PLUS PRÈS DE LA FALAISE, LE CAMION!... VOILÀ, COMME ÇA!

...COMME SI LA ZONE CONTAMINAIT PEU À PEU LES ENFANTS ET LES ANIMAUX QUI S'Y TROUVENT?

HOLÀLÀÀÀÀ!

ALORS, CETTE ÉCHELLE, ELLE EST PRÊTE, À LA FIN?!

OUAIS, BEN FAUT D'ABORD QU'ON COMPRENNE COMMENT ELLE MARCHE!

MUSEUM

DODJI!

?

...Y A CHARLIE ET LE MAÎTRE DES COUTEAUX!

NE LES LAISSE PAS APPROCHER! FEU!!

ATTENDEZ! RIEN NE PROUVE QU'ILS SONT DEVENUS COMME LES AUTRES!

...QU'EST-CE QU'ON EN SAIT, AVEC SON FOUTU MASQUE? JE NE PRENDRAI AUCUN RISQUE!

LAISSE-MOI UNE CHANCE DE VÉRIFIER...

...JE SAIS QUE T'AIMES PAS MONTRER TA FIGURE, MAIS... JE DOIS VOIR TES YEUX, C'EST TRÈS IMPORTANT...

TAK

C'EST BON, ILS SONT CLEAN!

C'EST PAS POSSIBLE ! J'ÉTAIS POURTANT CERTAIN QUE ...

... C'EST LA ZONE ! ELLE CONTINUE DE S'ENFONCER !!

TOUT À L'HEURE, CE ROCHER PARAISSAIT PLUS BAS, J'EN SUIS SÛR ! J'AVAIS PRIS UN REPÈRE !

... EST-CE QU'ON EST EN TRAIN DE DESCENDRE EN ENFER ?!

OUAIS, BEN SI C'EST POUR DIRE ÇA, JE PRÉFÈRE ENCORE QUE TU LA FERMES.

NON ?! ...

L'ÉCHELLE EST PAS ASSEZ HAUTE !

BRRRR TAK !

HIIIIII !!

C'EST BON, PERSONNE POURRA RENTRER!

JE VAIS VÉRIFIER QU'Y A PAS D'AUTRES PORTES OÙ ILS POURRAIENT SE FAUFILER!

QU'EST-CE QU'ON VA FAIRE, SAUL?

ON VA RESTER DANS LA ZONE POUR TOUJOURS?

J'VEUX PAS FINIR COMME CEUX AUX YEUX ROUGES!

TU PENSES QU'IL SAIT VRAIMENT COMMENT NOUS SORTIR D'ICI?

... OUAIS, BEN ON A TOUS INTÉRÊT À CHERCHER DES SOLUTIONS... PARCE QUE CELLES DE SAUL SONT SOUVENT "LIMITES"...

IL VA RIEN NOUS ARRIVER DU TOUT. DEMAIN, ON VA SE BARRER. J'AI DÉJÀ PLEIN D'AUTRES IDÉES. ALLEZ VOUS COUCHER.

SKLING BLINK!

M'ENFIN, QU'EST-CE QUE TU FICHES, TERRY?

SKLING!

FAUT CASSER TOUS LES MIROIRS, COMME ÇA, J'VERRAI PLUS L'ENFANT HORRIBLE QU'ON VOIT QUE DANS LES REFLETS!

KLING!

KLING!

15

PFIOOU... IL VA PAS MIEUX, TERRY !

...MAIS EN CASSANT LES MIROIRS, ÇA FERA DISPARAÎTRE CET ENFANT ?

SKLIC !

J'SAIS PAS, MAIS AU MOINS IL M'FERA PLUS PEUR !

MAIS S'IL CONTINUE À NOUS FAIRE DU MAL QUAND MÊME ?...COMMENT ON FERA POUR SAVOIR OÙ IL EST, SANS MIROIR POUR LE VOIR ?

"..."

CHHHH !

HAAAA, FAUT QU'J'TROUVE DES MIROIRS PAS CASSÉÉÉÉS !

CHH...

Y EN A QUI VEULENT DORMIR, ICI !

J'SAIS PAS SI C'ÉTAIT UNE SI BONNE IDÉE DE VENIR DORMIR DANS LA SECTION "VAUDOU"...

...TU VEUX BIEN ME R'PARLER DE TES THÉORIES, ANTON ? ÇA ME RASSURE QUAND TU DONNES L'IMPRESSION DE TOUT COMPRENDRE.

J'COMPRENDS PAS TOUT... J'ESSAIE JUSTE DE CONTINUER À RÉFLÉCHIR.

...TU TE RAPPELLES QUE, D'APRÈS MOI, ON EST DANS LA "4e DIMENSION ET DEMIE", UNE SORTE D'UNIVERS MENTAL QUE CHACUN SE CRÉE UNE MICRO-SECONDE AVANT SA MORT ?

À FOND.

IL FALLAIT QUE JE TROUVE COMMENT NOS ESPRITS POUVAIENT ÊTRE RÉUNIS DANS LE MÊME ESPACE MENTAL...ET C'EST LÀ QUE J'AI PENSÉ À LA TÉLÉPATHIE !

LA TÉLÉPATHIE ? PLUS TRÈS SCIENTIFIQUE, ÇA !

PAS SI SÛR...LE CERVEAU ÉMET BIEN DES ONDES ÉLECTRIQUES. Y A MÊME DES CHIENS QUI PRÉVOIENT À L'AVANCE QUAND LEUR MAÎTRE RENTRERA À LA MAISON.

16

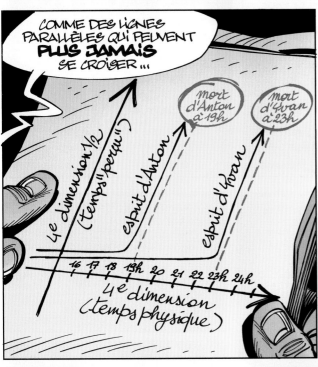

COOL ! Y'EN A !!

Y A QUOI ?

DES PARA-PENTES !

UNE FOIS, UN TYPE A LA TÉLÉ A DIT QUE MÊME UN ENFANT POURRAIT EN FAIRE ... ALORS POURQUOI PAS MOI ?

... ENSUITE, JE VOUS JETTERAI DES ÉCHELLES DE CORDE DU HAUT DE LA FALAISE.

... SAUF QUE ÇA S'ENVOLE PAS TOUT SEUL ! FAUT DÉCOLLER D'UNE MONTAGNE !

... OU D'UN IMMEUBLE ASSEZ HAUT, COMME CELUI OÙ TRAVAIL-LAIT TON PÈRE, YVAN.

T'ES OUF ! ... C'EST VACHEMENT LOIN À L'INTÉRIEUR DE LA ZONE !

POUR C'QUE ÇA CHANGE ... ON EST DÉJÀ TOUS DANS LA ZONE, MAINTENANT !

MAIS CET IMMEUBLE EST PLUS PRÈS DU CENTRE ! CE SERA BEAUCOUP PLUS DANGEREUX !

... C'EST LA SEULE SOLUTION POSSIBLE, IL A RAISON.

SAUF QUE C'EST MOI QUI TENTERAI LE COUP. J'AI SOUVENT VU MON PÈRE EN FAIRE ... J'AURAIS D'AILLEURS DÛ Y PENSER PLUS TÔT.

20

2... J'AI EU L'IDÉE, C'EST MOI QUI Y VAIS.

T'AS ENCORE ENVIE DE TOMBER DU TOIT D'UN IMMEUBLE ? T'Y AS PRIS GOÛT DEPUIS LA FOIS OÙ J'T'AI TIRÉ DESSUS ? HA ! HA !

...!!!

ON IRA TOUS LES DEUX ...COMME ÇA, ON VERRA QUI SE DÉBROUILLE LE MIEUX, ET LES AUTRES AURONT PLUS DE CHANCES DE S'EN SORTIR.

...M'ENFIN, DOIT Y AVOIR D'AUTRES MOYENS DE GRIMPER LÀ-HAUT !

J'VOIS PAS LESQUELS... ALLEZ REJOINDRE LES AUTRES ET TENEZ-VOUS PRÊTS À GRIMPER DÈS QU'UN DE NOUS DEUX SERA ARRIVÉ SUR LA FALAISE.

DODJI, SAÜL, JE ...EUH, JE VOULAIS DIRE UN TRUC.

OUI ?

SOYEZ PRUDENTS, D'ACCORD ?

MOI, J'SUIS SÛRE QUE TU VAS RÉUSSIR, DODJI !

!

SMOOCH !

21

YVAN!! LEÏLA!!

J'AI VU BORIS!!... LÀ, SUR UN COCHON, REGARDEZ!!

...SUR UN QUOI?

J'AI ESSAYÉ DE L'APPELER MAIS IL S'EN FICHE COMPLÈTEMENT!

TACLOP,,, TACLOP ,,'

IL EST ISOLÉ DES AUTRES!...ON POURRAIT PAS ESSAYER DE L'ATTRAPER?!

J'CROIS QU'C'EST JOUABLE, OUI!

OK., ON Y VA....LES AUTRES, ALLEZ VOUS BARRICADER DANS LE MUSÉE!

FAITES ATTENTION À VOUS!

JE VIENS AVEC VOUS!

MOI AUSSI!

COMME VOUS VOULEZ!

24

LE MOTEUR EST MORT... MAIS ON S'Y ATTENDAIT, PAS VRAI ?

FAUT Y ALLER... L'IMMEUBLE EST ENCORE LOIN.

...AU FAIT, JE TE FÉLICITE POUR L'IDÉE DES PARAPENTES. C'EST ASSEZ BRILLANT.

LAISSE TOMBER, SAUL = ON N'EST PAS AMIS, ET ON LE SERA JAMAIS, O.K. ? ON VA PAS FAIRE SEMBLANT.

...

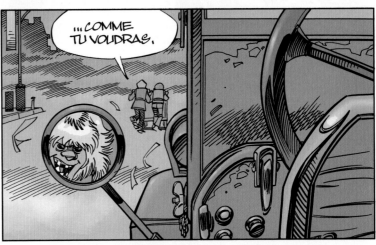

...COMME TU VOUDRAS.

J'AI VU L'COCHON TOURNER JUSTE ICI !

?!

OÙ IL EST PASSÉ ?!

JE FLIPPE MA RACE... ON AURAIT DÛ PRENDRE DES FUSILS !

ET TIRER SUR EUX, COMME SAUL ?... J'PEUX PAS TUER DES ENFANTS, MÊME ZARBIS.

BORIS PEUT PAS ÊTRE LOIN, IL ÉTAIT JUSTE... ?!

25

EEEEHHH?!

YVAN!

LEÏLAAAA!

BAS LES PATTES, SALES ZOMBIIIIIIIIIIIES!!

Hi! Hi!

Hi! Hi!

Hi! Hi!

Hi! Hi! Hi!

TIENS BON, YVAN!!

HAN! HAN!

BAF

POF PAF

TU '''M'AS AUSSI COGNÉ, EDWIGE ?

PAS EU LE TEMPS DE VISER!

FAUT SORTIR D'LA BRUME! GRIMPEZ SUR C'QUE VOUS POURREZ!

PLUS HAUT! VAS-Y!

VIENS, EDWIGE!

!!!C'EST MOI, OU ON EST PLUTÔT MAL BARRÉS ?

Hi! Hi! !!!

Hi! Hi! Hi!

Hi! Hi! Hi!

!!! Hi! Hi! !!!

"... TU SAIS, DODJI, CONTRAIREMENT À CE QUE TU PENSES, JE N'AI AUCUNE HAINE CONTRE TOI.

J'AI MÊME SOUVENT REGRETTÉ QUE TU NE SOIS PAS DANS MON CAMP... ON AURAIT FORMÉ LE TANDEM PARFAIT POUR PROTÉGER LES PLUS FAIBLES.

SAUF QUE MOI, JE N'AI AUCUNE ENVIE DE COMMANDER AUX AUTRES.

C'EST POUR ÇA QUE J'AURAIS FAIT DE TOI MON BRAS DROIT. TU TE POSES TROP DE QUESTIONS POUR ÊTRE CHEF, C'EST TA PRINCIPALE FAIBLESSE.

SI TU ME CROIS CRUEL, C'EST PARCE QUE JE N'HÉSITE JAMAIS À TRANCHER DANS LE VIF QUAND JE LE CROIS NÉCESSAIRE, MÊME QUAND LE CHOIX EST DIFFICILE.

MAIS TU SAIS, LA NATURE ELLE-MÊME EST CRUELLE ! PARTOUT OÙ SE CACHE LA VIE, IL Y A DU COMBAT !!! MÊME ICI !!!

ET DANS CETTE GUERRE PERPÉTUELLE, DODJI, LA VRAIE BIENVEILLANCE, C'EST PARFOIS DE FRAPPER FORT, SANS HÉSITATION, POUR NE PAS FAIRE DURER LA SOUFFRANCE.

"... ARRÊTE-TOI, SAUL.

HA ! HA ! IL Y A DES VÉRITÉS QUI TE DÉRANGENT, PAS VRAI ?

ARRÊTE-TOI MAINTENANT !

Y "... A PLUS RIEN DEVANT !

!!

30

ON COUPE PAR LE SQUARE! CE SERA PLUS COURT POUR RETOURNER AU MUSÉE!

ET PUIS ON POURRA S'AIDER DES ARBRES POUR ÉVITER LA BRUME!

ALLEZ, GO!

TAP TAP TAP TAP

HI! HI! HI! HI!

TAP TAP

C'EST BON!!

AÏ!

VIENS, ZO... ON REVIENDRA CHERCHER BORIS PLUS TARD.

D'ACCORD.

TU... TU TIENS BEAUCOUP À LUI, PAS VRAI?... C'EST TON AMOUREUX?

NON, NON! MAIS ON A CHACUN VÉCU DES TRUCS PAS DRÔLES, ÇA NOUS A RAPPROCHÉS.

AH OUI?

OUI! MON AMOUREUX, C'EST QUELQU'UN D'AUTRE... MAIS C'EST UNE HISTOIRE UN PEU COMPLIQUÉE, JE TE RACONTERAI UNE AUTRE FOIS.

KROÂ

J'AI HÂTE D'ENTENDRE ÇA.

KROÂÂ

"...LA VILLE CONTINUE À SE TRANSFORMER... COMME SI ELLE ÉTAIT DEVENUE VIVANTE.

"...C'EST L'IMMEUBLE NOIR QUI EST À L'ORIGINE DE TOUS CES PHÉNOMÈNES. J'EN SUIS SÛR.

EN FAIT, JE CROIS QU'IL S'ENFONCE EN ENTRAÎNANT LA VILLE AVEC LUI.

HEIN ?

REGARDE = ÇA FAIT COMME UNE FORME DE PYRAMIDE AZTÈQUE, MAIS À L'ENVERS ... EN NÉGATIF, QUOI.

LE MUSÉE DE L'HOMME EST ICI ...

ET NOUS LÀ ?

"... ET L'IMMEUBLE NOIR AU CENTRE ...

"... QUELQUE PART DEVANT NOUS.

"... ET L'IMMEUBLE DU PÈRE D'YVAN DOIT ÊTRE JUSTE ICI ... QU'EST-CE QU'ON FAIT ? ON DESCEND ?

"... ON DESCEND.

SI JE M'EN SOUVIENS BIEN, ON PEUT SORTIR DE L'AUTRE CÔTÉ DE L'AIRE DE JEUX, LÀ-BAS...

"...JE VENAIS SOUVENT JOUER DANS CE SQUARE QUAND J'ÉTAIS PETITE.

ET ALORS, C'EST ÉMOUVANT DE REVENIR ICI APRÈS TOUTES CES ANNÉES ?

MA FOI

HÄN!

PROUFF!

"...MIS À PART L'AMBIANCE UN PEU PLUS GOTHIQUE ET LES ENFANTS ZOMBIES CACHÉS DANS LA BRUME, NON, RIEN N'A CHANGÉ, Y'VAN.

PARCE QUE VOUS CROYEZ QU'ILS SONT ENCORE LÀ ?

OH QUE OUI... J'AI VU PASSER DES SILHOUETTES.

KRiiiiN

!

RHAN!

LEÏLA, QU'EST-CE QUE TU...?

CHHH.

CHOP!

PUNAISE, J'L'AI EU ?! AIDE-MOI À LE RAMENER, EDWIGE !!

OÙ T'AS APPRIS À FAIRE DU LASSO, LEÏLA ? T'AS FAIT UN STAGE DE CON-BOY, OU QUOI ?

HOURRA!

UN JOUR, YVAN, TU COMPRENDRAS QUE JE SUIS DOUÉE DANS TOUT C'QUE J'FAIS!

ET MAINTENANT, C'EST QUOI LE PLAN ?

MAINTENANT, ON FINASSE PLUS! ON COURT COMME DES OUFS!!

OUAAAAAAAHHH!!!

32

HÉÉÉÉ?!

BROUF!

FAIS GAFFE, MERDE! C'EST FRAGILE, CES TRUCS!

DÉSOLÉ, J'AI JUSTE PAS ENVIE DE TRAÎNER DANS L'COIN!

RAISON DE PLUS POUR PAS ABÎMER LES VOILES, DUCON! SANS ELLES, ON N'IRA PAS LOIN!

EN PLUS, T'AS BOUSILLÉ LES ROUES... GÉNIAL!

LÂCHE-MOI, TU VEUX?

KROUIII

KROUIII

KROUIII

1515

J'AI JAMAIS VU AUTANT DE TOILES D'ARAIGNÉES DE MA VIE...

Y EN AVAIT PAS DU TOUT, LA DERNIÈRE FOIS QU'ON EST VENUS.

C'EST BON, Y A ENCORE DU COURANT... ON PEUT PRENDRE L'ASCENSEUR.

SKRITCHIKITCHIKITCHRIKETITCHSKR

ATTENDS... T'ENTENDS CE BRUIT BIZARRE?

SSCRITCHIKITICHIKRIKETICHSKRI

... OUAIS, EH BEN?

TING...

33

35

SKRITCHITIKITIKETICHKRITCHIKITII

HHH!

SSKRYTCHIIIKITIKITETICHSSKRITCH

REUAAAR!

KRITCHIKRITITEKRITCHKRITC

...L'ESCALIER, VITE!!

TING!

HAN!

BAM!

HH...HH...!

HH...
HH...!!

SKRITCH
...

SKRITCHIKIK
...

SKRITCHIKITITCH

SKRRITCHIKITICHIKITIRITIKRITCHIKKRIKETITCHSSKRRIIIII

...Y EN A DES MILLIONS! HHH!

HH...COMME LES INSECTES QUI RECOUVRENT L'IMMEUBLE NOIR!!

35

MERDE!!... ILS ONT TROUVÉ UN MOYEN D'ENTRER!

...TOUT L'MONDE SUR LE TOIT, VITE!!

ALLEZ, ALLEZ, ALLEZ, ALLEZ, ON S'REMUE L'DERCHE!

ILS ONT CHOPÉ ANTOINE ET RÉMY!

SLAM!

...TANT PIS, FAUT BLOQUER LA PORTE!

Y EN A PARTOUT! ON VA JAMAIS S'EN SORTIR!

OUAIS, BEN, VOUS...VOUS M'FAITES PAS PEUR, BANDE DE FESSES MOISIES! R'TOURNEZ DANS VOS BACS À COMPOST!

TOI, LÀ-BAS, VA SUCER DES ASTICOTS! ET TOI, VA PLEURER DERRIÈRE DES CAGETTES!

HA!HA! OUAIS! ZIZIS POURRIS! TAMBOUILLES À BISTOUQUETTES!!

GUEULES DE NOOBS!

CLOWNS À PROPULSION! HA!HA!

ÇA VA ALLER, BORIS!

...JE TE PROMETS QU'ON VA S'EN SORTIR.

...ET UN PLUS DEUX PLUS TROIS...

QU'EST-CE QUI LUI EST ARRIVÉ, DANS LE MONOLITHE, POUR QU'IL DEVIENNE COMME ÇA?

39

...QU'EST-CE QUE TU DIS ?

...PLUS UN ET DEUX, QUI FONT TROIS, ET UN QUI FONT DEUX...

...PLUS UN ET TROIS, QUI FONT... QUI FONT... QUI FONT COMBIEN ? TU ES FORTE EN MATH, CAMILLE ?

...FICHU COURANT D'AIR !

T'ES TOUTE BLANCHE ! ÇA VA ALLER ?

AH!

...OUI, C'EST BON...MAIS JE CROIS QUE...

...QUE MOI AUSSI JE SAIS COMMENT JE SUIS MORTE, MAINTENANT.

LE VENT SE LÈVE....ON VA Y ALLER !

WWWWWWUUUUWWW

TU TE RAPPELLES TOUT C'QUE J'AI DIT ? SUR LES COURANTS D'AIR CHAUDS ET COMMENT TIRER LES MANETTES POUR MONTER, DESCENDRE OU TOURNER ?

WWWUUUUUUW

EUH.... OUAIS, JE VAIS ME DÉBROUILLER.

AH, ET UN DERNIER TRUC, DODJI....

MAIS.... ÇA VA PAS ?!

HA ! HA ! TU VERRAIS TA TRONCHE !

WWWUUUUWWWW

C'EST POUR TE REMERCIER DE M'AVOIR AIDÉ, TOUT À L'HEURE !

WWWWUUUUUUUUUUUU....

HAHAAA !

WUUUUW

MAIS QUE.... QU'EST-CE QU'I LEUR PREND À TOUS, DE M'EMBRASSER, À LA FIN ?

FLAOUP ?!!

HAAAAA !

41

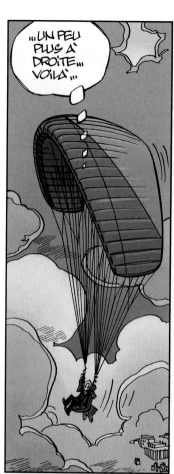

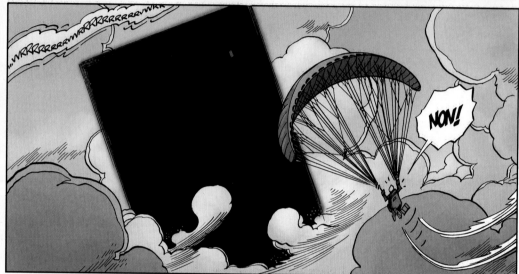

"" MERDEMER-
DEMER-
DEMER-
DE !!

DU
CALME,
DODJI ""
FAIS PAS
N'IMPORTE
QUOI "

VOILÀ ""
ÇA SE
STABILISE "
IMPECCABLE
"

WOUAAAAZ !!

HAAAA !!
PAS
SI PRÈÈÈS !!

QU'EST-CE
QUI SE PASSE ?!
LES COMMANDES
NE RÉPONDENT
PLUS !!

"" NOUS NE
VOUS LAISSERONS
PAS QUITTER
LES TERRES
BASSES
""

43

45

HAAAAA!

BRONK!

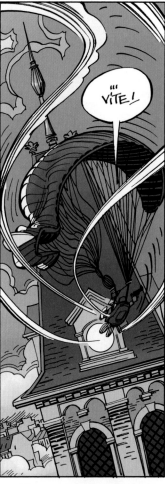

VITE!

BAW
BAW

RHAAAARR!

BAW

FLOUP!

WOUAAHH!

AAAAAARH!

...C'EST... C'EST PAS CETTE FOIS QU'TU M'AURAS, SALOPERIE!

45

LA PORTE TIENDRA PLUS TRÈS LONGTEMPS!... PRÉPAREZ-VOUS À DÉFENDRE VOTRE PEAU!

NON! REGARDEZ!

BOM! BOM!

C'EST DODJI!... IL VA NOUS SAUVER.

NON ?!... IL EST TROP BAS POUR ARRIVER EN HAUT DE LA FALAISE!

MAIS KESKI FOUT ?!

IL FONCE SUR LE CAMION DE POMPIERS!

IL VA SE BRÛLER LE DERRIÈRE!

VOOOOOFFF!

JE SAIS! IL A UTILISÉ L'AIR CHAUD POUR REMONTER!

IL!... IL A RÉUSSI!!

BARDAF BLAM!

AÏE, AÏE, AÏE ?!

VOUS CROYEZ QU'IL S'EN EST SORTI ?

DODJI!!!

46

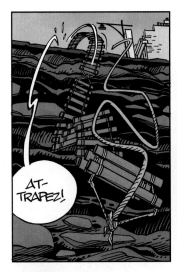

AT-TRAPEZ!

J'AI!

C'EST BON!

ATTACHEZ L'AUTRE BOUT À UN DES TRUCS D'AÉRATION, LÀ!

COMPRIS!!

C'EST BON, ÇA TIENDRA!

COMMENCEZ À MONTER, ON RETIENT LES AUTRES LE PLUS LONGTEMPS POSSIBLE!

BOM... BOM...

QUOI? TU... TU ME CONFIES LUCIE, T'ES SÛR?!

DODJI, ON A CHOPÉ BORIS! ENVOIE UNE AUTRE CORDE POUR LE REMONTER!

OK!

EEEH! ALLEZ, DOUCEMENT! ÇA BOUGE DE PARTOUT!

BOM! BOM!

47

ICI! VENEZ M'AIDER À MONTER BORIS!

D'ACCORD!

BOM BOM

HAAAAA!

ALLEZ!

HIIIIINN!

BROUF!

ÇA... ÇA BOUGE TROP!

NE REGARDE PAS EN BAS, BETTY!

JE VAIS PAS Y ARRIVER!

BETTY, NE...

HIIIIIIIN!

BETTY!

48

LA PORTE VA CÉDER, FAUT QU'ON SE BARRE AUSSI!

MAGNEZ-VOUS!

TENEZ-LE BIEN!

C'EST BON!

DODJI! AU SECOURS, ILS... MPFFF?!!

?!!

ON N'AURA JAMAIS LE TEMPS DE TOUS MONTER... LES TARÉS VONT S'EN PRENDRE À L'ÉCHELLE DE CORDE! ...

T'AS RAISON!

ESSAYEZ DE RETENIR L'ÉCHELLE PENDANT QUE JE DÉFAIS LE NOEUD!

BOM

BOM

48

GNNN... LA VACHE, C'EST SUPER-SERRÉ !

JE VIENS T'AIDER !

BOM !

BOM !

GNNNNN !

KRAAK !

TCHAK !

ACCROCHEZ-VOUS !

HIIIIII !

OUAAAHH !

GNNN... LA VACHE, C'EST SUPER-SERRÉ !

EEEHH ! ATTENDEZ-NOUS !

HEY!!

MPFF?!

TENEZ-LA BIEN, ELLE EST CORIACE.

"'ALEXAN... DRE...?!

PORTEZ-LES PRÈS DES AUTRES,... MAIS RESTEZ EXTRÊMEMENT VIGILANTS.

"'LE MESSIE DES DERNIÈRES FAMILLES SE CACHE PEUT-ÊTRE PARMI EUX.

ET LE NÔTRE, ALEXANDRE? "'OÙ SE TROUVE-T-IL?

IL ARRIVE... ALLONS PRÉVENIR LES AUTRES.

L'AÏLE DE DODJI!

IL EST ARRIVÉ AVANT MOI'... MAIS OÙ SONT-ILS TOUS PASSÉS?

53

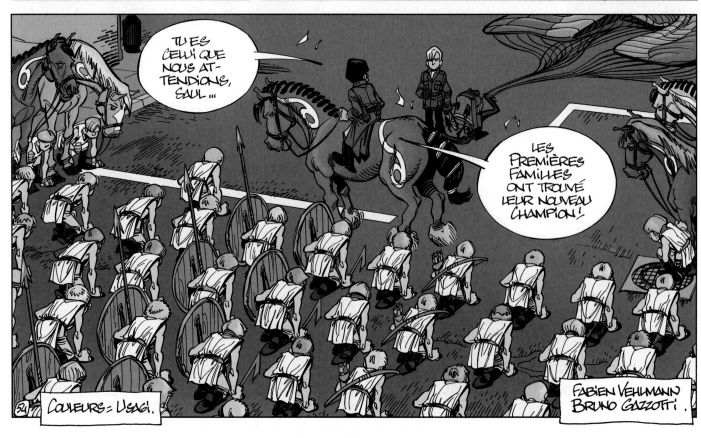